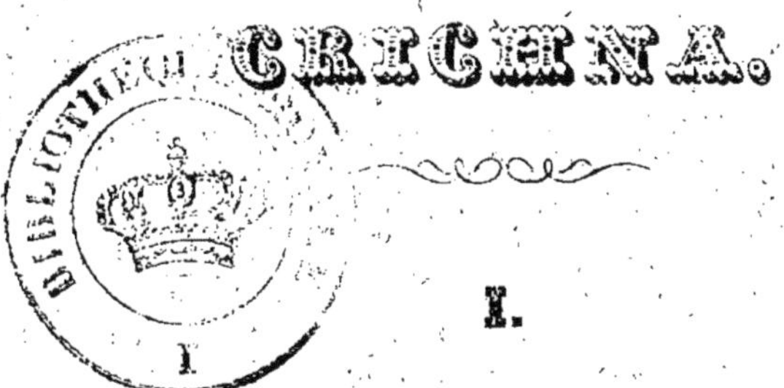

CRICHNA.

I.

Histoire de Crichna, considéré comme mythe et avatar *de la Divinité. — Ses exploits. — Son intervention dans la lutte des diverses branches de la famille des Yadavas. — Comment il renverse Cansa du trône de Mathoura. — Caractère de cette révolution politique.*

Crichna, dans la pensée des croyants, n'est autre que Vichnou, l'une des principales divinités de l'Inde, faite homme et descendue sur cette terre pour y rétablir l'ordre et le saint respect des dieux et des livres sacrés. C'est ainsi, du moins, que les légendes, unanimes dans le récit de ses exploits, présentent l'histoire de ce personnage miraculeux qu'elles donnent pour le dixième avatar ou incarnation de la Divinité.

Il serait sans doute difficile pour nous de dire si Crichna, dont on suit les actes et la vie pas à pas, d'âge en âge, de jour en jour en quelque sorte, est autre chose au fond qu'un mythe sur lequel se sont groupés tous les faits propres à faire ressortir à la fois la valeur indomptable du radjah guerrier et du fidèle observateur de la sainte loi des védas, à la glorification de laquelle toutes ses actions semblent tendre, ou bien, si le saint personnage aurait été, pour son pays et pour son époque, un de ces prodiges, de ces merveilleux caractères d'homme qui, doués de toutes les grandes facultés de la puissance, apparaissent, à un moment donné, pour changer la face de leur pays et des institutions qu'ils modifient par la propre force de leur génie.

Nous serions très-embarrassé de nous prononcer entre ces deux opinions; mais beaucoup moins de dire que ce nom soit divin, soit purement humain rappelle de grand et de fort. Car, dès son commencement, nous le voyons poindre obscur et timide chez de pauvres pasteurs, qui osent à peine sortir de leurs *djangles;* et, plus tard, nous le trouvons puissant et radieux, dominant lès trônes qu'il protége

et servant presque toujours à définir cette merveilleuse civilisation de l'Orient, grande et fantasque à la fois, qui embrasse presque simultanément le néant et l'infini, ce qu'il y a de plus grand et de plus frêle.

Cansa était né dans la puissante famille des Yadâvas et s'était emparé du trône de Mathoura (1) en jetant dans les fers son père, *Ougranésa*. Ayant fait alliance avec Djarasandha, roi de Magadha, dont il avait épousé les deux filles, il avait considérablement agrandi ses états. Comprimant d'ailleurs autour de lui tout ce qui pouvait lui faire ombrage, il se vantait de s'être élevé par la force de son bras et de sa politique, écartant de son trône tous les membres de sa famille dont la presence le gênait dans le libre exercice de sa puissance.

Mais les poètes et les devarchis eux-mêmes, caressaient les mauvaises passions du despote, et ne tardèrent pas à l'entraîner à des excès coupables contre les membres de sa famille. Ils furent jusqu'à lui dire qu'il n'était pas le fils d'Ougranésa, et que sa mère s'était laissée surprendre par le roi de Sôbha (2). La prédiction du brahmane Nârada fut même plus loin, et ce dévarchi lui dit qu'il avait été décidé par les dieux réunis sur le *Mérou*, que le grand *Vichnou*, se faisant homme, naîtrait de Dévaki, femme de Vasoudéva, oncle paternel de Cansa, pour le détruire lui et tous les siens.

Nouvel Hérode, Cansa prit en conséquence toutes les mesures propres à assurer la destruction des enfants de Dévaki dès qu'ils naîtraient. — Sept des filles de cette malheureuse princesse avaient déjà péri de ses mains, quand, les dieux protégeant le nouveau fruit qu'elle portait, donnèrent le moyen à Vasoudéva de le soustraire aux poursuites du tyran. Cependant celui-ci, averti par ses émissaires des couches de Dévaki, se trouva rendu aux portes du palais

(1) Cette ville, longtemps le siége de la puissance des Yavanas, fut fondée au centre d'une ancienne forêt qu'avaient habitée de puissants Danavas, la terreur du pays. Madhou et Lavana, son fils, y avaient exercé, pendant de longues années, d'horribles cruautés, sans que personne et même les princes d'Ayodhya eussent pu les en déloger. Enfin, vaincu et mis à mort par *Satronghna*, fils de Soumitra, ce prince habile fit raser la forêt et disposa les lieux pour y fonder sa capitale.

C'est ainsi que la plupart de nos cités portent encore le nom des saints qui les ont créées.

(2) Au confluent de l'Hidaspe et de l'Acésine.

de Vasoudêva peu de temps après que son épouse eut mis au monde le nouvel enfant qu'elle portait. — Rien ne put l'empêcher de pénétrer jusqu'à la couche de Dévaki, et se saisissant avec rage du nouveau-né qu'il aperçut près d'elle, il le lança contre les pierres; mais la jeune enfant, quittant la forme humaine, se releva du sol où elle venait d'être écrasée; et, brillante comme la perle, elle traversa les airs décorée d'un diadème avec lequel elle monta au ciel pour s'y placer au rang des dieux. Ce n'était pas Crichna, en effet, qui avait été saisi par Cansa, mais bien la fille du berger *Nanda*, née le même jour que le jeune protégé des dieux. Celui-ci avait été enlevé la nuit par son père, Vasoudéva, et la fille du pâtre lui avait été habilement substituée. Ainsi échappa au despote l'enfant qui devait un jour le renverser du trône, réparer ses excès et rendre à la famille des Yadavas et des Vrichnis l'autorité et la puissance qu'il leur avait enlevée. Toutefois les commencements de Crichna furent obscurs et cachés. — Conduit par son père dans le *Vradja*, qui était formé d'une riche vallée située sur les bords de l'*Yamouna*, non loin de Mathoura, il y avait été confié aux soins de Nanda, qui vivait au milieu des pasteurs heureux du bonheur que la nature leur prodiguait avec toutes ses splendeurs. Un air doux et frais régnait dans ces campagnes, dit le poëte. Le cri des animaux y résonnait au milieu des magnifiques forêts qui les couvraient, et le paysage, animé par des vaches errantes ou couchées sur le gazon, présentait de toutes parts d'aimables bergères et des chars champêtres qui circulaient au loin parmi les plants de cantakins. A de nombreux poteaux pendaient les liens qui servaient à attacher les veaux ; la terre était engraissée de bouse de vache, le faîte des maisons en était recouvert, et les domaines des pasteurs, séparés les uns des autres par de gros arbres couchés par terre, offraient à leur centre de nombreuses étables où se réfugiaient les troupeaux.

Le mouvement de la richesse alliée à la simplicité s'y faisait remarquer, et de tous côtés retentissait le bruit des barattes dans lesquelles le caillé écumait et jaillissait sur la terre qui en était humectée. — C'est dans ce séjour que Crichna, alors inconnu, mais déjà semblable à *un soleil naissant*, passa ses premières années en compagnie de Sancarchana, son frère, né de la divine *Rohini*, autre épouse de Vasoudéva.

Un jour, se jouant avec l'orteil de son pied, il renversait un char; une autre fois, attaché à un mortier, il l'entraînait avec lui et brisait deux *ardjounas*. Des monstres et des géants, aux formes les plus bizarres, troublaient-ils le pays, ils périssaient sous ses coups, et son nom déjà volait de bouche en bouche.

Lui et son frère, bientôt arrivés à l'âge de la jeunesse, ressemblaient à deux fiers lionceaux de l'Himalaya : pleins de force et de beauté, ils conduisaient les vaches aux pâturages, entraînant tous les cœurs des jeunes bergères. Aucun des pasteurs placés sous les ordres de Nanda ne pouvait les égaler à la lutte et dans les jeux. Leur poitrine était large, leur âme généreuse, leur taille élancée comme la tige du Sâla (*Shor. a robusta*). Mais le *Vradja*, où s'étaient retirés Nanda et les deux fils de Vasoudéva, avec les pasteurs qu'ils dirigeaient, ne put convenir longtemps à l'établissement qu'ils avaient formé. Un jour, dit le poète, Crichna, sous le nom de *Dâmodara*, s'adressant à Sancarchana, son frère, lui dit : Nous ne pouvons plus rester dans ces lieux. l'herbe et le bois ont disparu ; ces forêts, jadis sombres comme le nuage, sont maintenant ouvertes comme l'espace. Les arbres qui formaient les enclos des pâturages et en défendaient l'entrée, ont été livrés aux flammes. Il faut aller au loin chercher ces abris champêtres et ces gazons que l'on avait alors près de soi. Les bois n'ont plus d'eaux, plus de verdure, plus de fraîcheur. Les arbres y sont rares, à peine y trouve-t-on un endroit pour se reposer. Les brahmanes et les dwidjas ne peuvent plus recevoir leur salaire en bois. Plus de vents frais et prolongés, plus d'oiseaux, et le Djangle ressemble à une ville. Ainsi se plaignirent-ils ; et ils parlèrent d'aller chercher d'autres lieux ornés de gazon nouveau, où les troupeaux ne fussent plus retenus dans des parcs et réduits à brouter une herbe souillée de fumier et d'urine. — « Transportons ailleurs notre établisse-
» ment, dit Damodara, et rendons-nous, accompagnés de
» nos vaches, sous les vastes et frais ombrages d'une autre
» forêt. On parle d'un bois délicieux où on trouve d'agréa-
» bles fruits et de l'eau ; rendons-nous-y, car il réunit de
» grands avantages. On n'y entend point le son criard du
» grillon, on n'y trouve pas de ronces piquantes et la vue
» y est réjouie par l'aspect du *Cadambas*, placé sur les bords
» de l'Yamouna, ce pays jouit d'un air doux. Les routes
» variées de la forêt offriront aux jeunes filles de charmantes
» promenades, et on peut de ce lieu apercevoir les pics
» élevés du *Bhandirâ* et du *Gavarddhana* (montagnes qui
» paraissent exister vers la source de l'Yamouna). »

C'était donc une émigration, un de ces déplacements de tribus, comme il s'en fait si ordinairement dans les régions asiatiques, que les deux fils de Vasoudéva projetaient pour entraîner Nanda et les pasteurs qui avaient épuisé les pâturages de Vradja. L'immortel Crichna, réfléchissant un instant sur le moyen de fixer leur résolution, fit sortir de son propre corps une multitude de loups affamés, qui, se jetant à droite et à gauche sur les troupeaux du Djangle, portèrent la terreur dans tout le pâturage. Les veaux, les vaches, les enfants eux-mêmes, devinrent leur proie, et il n'y eut qu'un cri sur la nécessité de s'éloigner du Vradja.

Le déplacement fut résolu. Les hommes et les femmes s'étant réunis, on avisa aux moyens de s'éloigner sans plus tarder. « Si telle est votre résolution, dit Nanda, hâtez-vous » de donner des ordres à vos serviteurs ; que les vaches » soient comptées, tous vos ustensiles rassemblés, les veaux » réunis par troupes, et les chariots attelés. » — Aussitôt tout est mouvement dans le pâturage, tout s'agite ; le bruit des chars se répand au loin ; les femmes s'en vont portant sur leur tête les barattes et leurs vases à deux anses. Dans les plaines s'allonge une ligne d'émigrants qu'on pourrait comparer à ces étoiles qui se détachent du ciel, dit le poète; en même temps on distingue, semblable à l'arc céleste d'Indra, une immense file de bergères aux vêtements noirs, jaunes et rouges, qui dessinent les contours de leur sein. Quelques pasteurs chargés de liens et de cordes qu'ils laissent pendre sur leur dos, ont l'air de ces arbres dont les branches retombent sur la terre. Sous cette foule de chariots qui brillent dans les champs, continue le poète, la plaine ressemble à une mer couverte de bateaux poussés par le vent. — En un moment, tout le pays resta désert, dépouillé de ses richesses et de son éclat, n'offrant plus aux regards que de tristes rassemblements de corbeaux.

D'ailleurs toutes les précautions ont été prises pour le nouvel établissement. Une enceinte en demi-lune a été formée dans le pâturage que l'on va occuper, afin que les chariots puissent tourner en liberté. Cette enceinte est cernée de tous côtés par de hauts cantalkins (1) et défendue par des fossés garnis de branches épaisses. Çà et là, dans le *Vrindavana*, sont dressés les ribots avec la corde qui les fait mouvoir ; les barattes sont purifiées ; les poteaux s'élèvent chargés de liens et d'anneaux ; les chariots sont retournés

(1) *Mimosa catecha*.

et solidement retenus par un lien à la tête des poteaux. — Pour se mettre à l'abri, les pasteurs se forment des huttes couvertes de gazon ou des cabanes en branches d'arbres. Les étables sont assainies, les mortiers établis en place, les foyers tournés vers l'orient, le feu allumé et arrosé de beurre clarifié. Des étoffes, des peaux, des tapis, sont étendus pour servir de lits. Tout le monde est à l'ouvrage : les femmes transportent de l'eau, visitent la forêt et arrachent le feuillage, tandis que les pasteurs, la hache en main, abattent les branches et les arbres qui les gênent.

Voilà un des exploits de Crichna, une de ses évolutions dans le monde qu'il est venu régénérer et pousser dans les voies d'un nouvel âge qui s'anime de sa pensée et de l'impression qu'il lui donne. Cependant ces exploits mêmes et la réputation qu'acquéraient les jeunes fils de Vasoudéva commençaient à alarmer *Gansa*.

Le roi de *Mathoura* savait en effet que Crichna et son frère, à la tête des pasteurs, grossissant chaque jour leur troupe, s'étendaient dans le pays, poussant devant eux les monstres et les géants qui pouvaient les gêner, abattant les bois qui leur faisaient obstacle et chassant les *Danavas* et les *Delyas* qui s'opposaient au libre parcours des bestiaux de la tribu. Il savait qu'ardents et impétueux comme deux jeunes taureaux à la corne naissante, ils s'exerçaient avec leurs compagnons à des jeux où ils avaient toujours l'avantage. Il savait que plusieurs fois, à l'abri d'un large figuier appelé *Bhandira*, on les avait vus simuler les marches et les contre-marches des soldats, armés de pierres et de traits, se former en rang, s'avancer en ordre de bataille et évoluer comme des troupes disciplinées. Ces circonstances lui donnant fort à penser, il envoya près d'eux, sous un déguisement habilement ménagé, *Pralamba*, qui fut chargé de les épier et de surveiller leurs démarches ; mais l'espion fut promptement découvert, et la mort fut la peine de son imprudence.

Le roi de Mathoura apprenant donc que Crichna croissait comme un feu prêt à tout dévorer, assembla son conseil et y appela tous ses parents, même son père et le divin Vasoudéva, son oncle.

Pièce curieuse, que nous a transmise le poète, le compte rendu des discours qui se tinrent dans ce conseil est pour la vie de Crichna et les intérêts de famille qu'il représente ou qui lui furent opposés, un des monuments historiques de la plus haute valeur et de la couleur la plus vraie.

Le fils d'Ougranésa s'adressant aux fils d'Yadou qu'il a réunis, leur parlant d'abord de leur expérience et de leur juste amour pour les védas et les sciences, après avoir récapitulé les exploits et les merveilleuses actions de Crichna, s'exprime ainsi : « Votre gloire a illustré la grande famille » d'Yadou qui s'élève soutenue sur vous comme la terre » sur ses montagnes. L'union de vos lumières a jusqu'à pré» sent fait prospérer mon pouvoir : comment donc aujour» d'hui se trouve-t-il compromis ? Voilà qu'on parle d'un » certain Crichna né dans le Vradja du pasteur Nanda, et » qui, grandissant comme le nuage, menace notre trône jus» qu'en ses fondements. Aveugle, insensé que j'étais, seul, » éloignant tout conseil, j'ai laissé croître cet enfant dans » la maison de Nanda ; comme la maladie qu'on néglige, » comme la nue qui s'emplit peu à peu et qui gronde sour» dement à la fin de l'été, son influence pernicieuse aug» mente chaque jour. »

Et récapitulant les exploits du jeune héros, il ajouta : que tout dans sa conduite l'effrayait et lui donnait les craintes les plus vives, ne sachant si le jeune Crichna était dieu ou mortel ; soupçonnant qu'il pouvait être lui-même la renaissance d'un être, qui, dans une de ses précédentes existences, lui avait déjà donné la mort, peut-être le dieu Vichnou lui-même dont les transformations, déjà si nombreuses, ont causé dans le monde tant de révolutions, qui ont successivement changé la face du ciel et de la terre. « — Des » révélations m'ont d'ailleurs été faites et m'ont prévenu » contre Vasoudéva. — Je sais comment j'ai été déçu dans mes » prévisions ; comment le propre fils de Dévaki m'a échappé, » et par quelle fatalité, saisissant la fille du berger Nanda, » j'ai commis un meurtre inutile en écrasant cette enfant » sur la pierre. — Malheur à toi, m'a dit le saint Richi qui » m'a révélé la vérité sur ces choses ; malheur à toi, car l'é» change des deux enfants a été opéré par ce même Vasou» déva, qui, sous l'apparence d'un ami, cache un véritable » ennemi pour toi ; enfin il m'a déclaré que Crichna avait » reçu le jour de *Vasoudéva*, et que je trouverais ainsi dans » ma famille l'auteur de ma mort. — Oui. Vasoudéva est » mon parent par les lois de la nature, mais au fond du » cœur il est mon ennemi mortel. De même que le corbeau » s'attache avec ses serres sur la tête de celui qu'il attaque » et avec son bec cherche à lui crever les yeux, ainsi Vasou» déva avec son fils et toute sa race mine sourdement ma » puissance..... Et il ajouta !! je crois avoir des titres au

» respect de ma famille ; ton fils en a-t-il plus que moi, ô » Vasoudéva ; tes actes de pénitence (il était chef spirituel » des Yadavas) te donnent-ils des qualités qui doivent te » faire préférer par nos parents ? Quand les éléphants se li- » vrent des combats, ils arrachent, ils écrasent même les » plantes dont ils font ensemble leurs repas dans la forêt » après leurs débats. Ainsi lorsqu'une division éclate dans » une famille, malheur à quiconque se trouve sur votre che- » min, qu'il soit ou non de votre race ! Et moi, cependant, » je t'ai ménagé, Vasoudéva, sachant bien que tu étais » comme le dieu de la mort, toujours menaçant, toujours » armé contre ma maison. Plein de ressentiments, de haine, » de méchanceté, tu n'as de sagesse que pour le mal. Oui, » tu perdras la race d'Yadou, insensé. Grâce à ma bonté, tu » as vieilli, Vasoudéva, mais sans profit pour toi. Malgré » ses cheveux blancs et ses cent années, un homme peut » n'être pas vieux ; il l'est bien plus celui dont l'intelligence a » baissé. Pour toi, violent de caractère, ignorant d'esprit, » tu es réellement vieux, lourd comme le nuage d'automne. » Et quelle grande pensée as-tu donc conçue dans ta mal- » heureuse demeure ? — Tu t'es dit : Après la mort de Cansa, » mon fils règnera dans Mathoura. Vieillard stupide, ton » espérance sera déçue, tu seras trompé dans tes calculs : » il faut aimer bien peu la vie pour me résister. Tu as eu » l'imprudente hardiesse de menacer mes jours ; ce que tu » avais dans ta méchanceté médité contre moi, je l'exécute- » rai, et sous tes yeux, contre tes deux fils. — Je n'ai » point jusqu'à présent à me reprocher la mort d'un vieil- » lard, d'un brahmane, ou d'une femme ; mais tu m'auras » donné l'exemple, si j'attaque l'un des membres de ma fa- » mille. Tu fus le compagnon d'enfance de mon père : tu » es devenu l'époux de sa sœur : tu es le chef spirituel des » Yadavas : et dans cette grande et noble famille composée » de souverains, tu jouis de quelque estime ; ces hommes si » sages, si pieux, si instruits t'honorent comme leur maître. » Mais pourquoi t'adresser un discours qui ne conviendrait » qu'à un homme vertueux, lorsque tu t'avilis par un pa- » reil projet, toi le premier des Yadavas. Par suite des in- » trigues de Vasoudéva, il faut que je meure ou que je » remporte la victoire. L'inimitié allumée entre moi et » Crichna n'admet aucun tempérament. Les Yadavas ne » peuvent trouver de repos que dans la mort de l'un de nous » deux. »

Et se retournant vers le maître du trésor royal, il lui

donna l'ordre de se rendre dans le *Vradja*, et de lui amener les deux fils de Vasoudéva. — « Dites à *Nanda* qu'il ait à » recueillir le tribut de l'année et à venir aussitôt à la ville, » accompagné des bergers... ; annoncez aussi dans ce pâ- » turage que le roi fera célébrer une grande fête de l'arc, et que » les habitants de la campagne pourront en toute sûreté » apporter ici leurs denrées, afin qu'il y ait une grande quan- » tité de lait, de beurre et de caillé pour l'agrément des » personnes invitées. »

L'émotion avait cependant été grande dans le conseil, et les chefs yadavas, témoins de la colère du roi, regardaient Vasoudéva comme perdu, quand *Andhaca*, conservant toute sa fermeté, répondit ainsi qu'il suit à Cansa. — « Le dis- » cours que tu viens de tenir, mon fils, mérite d'être relevé. » Il est inconvenant, et les honnêtes gens ne sauraient ap- » prouver de semblables paroles, adressées surtout à un pa- » rent. Ecoute tout ce que j'ai à te dire : — Si l'on ne sa- » vait que tu es Yadava, en vérité les Yadavas ne pour- » raient te reconnaître pour tel ; car tu ne respectes pas les » fils de Vrichni, dont tu es le chef. Que l'on soit Bhodja, » Yadava ou Cansa, peu importe ; on doit respect à sa pro- » pre tête, qu'elle soit chauve ou couverte de cheveux. Mon » ami, les sages ne se louent pas eux-mêmes, et les hommes » n'approuvent que les qualités qu'un autre peut vanter en » vous. — Quelle est donc l'idée que les princes de la terre » vont avoir de la race d'Yadou, qu'un enfant menace de » détruire et qui a pour chef un imprudent comme toi? » Le discours impie dans lequel tu te complaisais tout à l'heure » n'a rien terminé, et seulement a prouvé ton mauvais es- » prit. Qui pourrait approuver l'attaque dirigée contre un » maître respectable, que les plus grands d'entre nous doi- » vent honorer. Cette insulte est un crime égal à la mort d'un » brahmane..... Je te blâme des reproches injustes et gros- » siers que tu as faits à Vasoudéva à cause de son fils. Si le » fils t'inspire des craintes, le père est-il dans le même cas? » Les pères sont déjà assez malheureux des fautes de leurs » enfants. — Vasoudéva, diras-tu, a sauvé son fils de ta » colère. Si tu réfléchissais bien, tu verrais qu'il ne pou- » vait faire autrement, et je t'invite, là-dessus, à consulter » ton père. Tes attaques contre Vasoudéva, tes outrages en- » vers toute la famille d'Yadou, sont bien plutôt faits pour » envenimer la haine qui divise les Yadavas. Si Vasoudéva » est coupable de n'avoir pas laissé sacrifier son fils, com- » ment Ougranésa serait-il excusable de t'avoir conservé » la vie ? »

Et lui rappelant les signes qui, dans l'opinion des hommes, signalent la mort des rois, il lui dit que, s'étant abandonné sans motif à la colère et se laissant ainsi dominer par la crainte, il ne saurait plus, comme roi, leur inspirer de confiance; et que, dès ce moment, lui Andhaca et ses amis, renonçant à l'amitié qu'ils lui portaient, lui offraient une dernière ressource qui serait d'apaiser CRICHNA lui-même par l'entremise de Vasoudéva, son père.

Mais Cansa, à ce discours, rouge de colère, ne répondit rien et rentra aussitôt dans ses appartements. Puis, pressant les dispositions nécessaires pour se débarrasser de CRICHNA, il envoya un courrier à *Késin*, qui, sous la forme d'un cheval indompté, se rendit dans le Vrindâvana.

— Le monstre ravage tout, de telle sorte que la forêt, bientôt semblable à un cimetière, présentait de toutes parts des cadavres et des ossements humains, que Késin, qui n'était sans doute qu'un corps de cavalerie, frappait de son sabot en fendant la terre elle-même. Tout avait pris la fuite devant lui et le pâturage ressemblait à un désert, quand un jour CRICHNA, entendant les gémissements des femmes et des pasteurs, se présenta à Késin et l'attaqua fièrement. Le coursier furieux, dit la légende, traçait différents cercles à gauche et à droite, abattant les arbres du choc de ses pieds, en même temps que sur son cou et son épaule flottait son épaisse crinière; mais rien ne devait le sauver, et quoiqu'il eût frappé à plusieurs reprises de ses pieds la poitrine de CRICHNA et que la poussière qui s'élevait autour de lui, confondue avec la dépouille des arbres, répandît une teinte jaunâtre sur la chevelure du héros, celui-ci le frappant au front, lui enfonça le crâne et lui brisa la mâchoire et le chanfrein.

Désormais c'est évidemment la guerre et l'antagonisme le plus marqué entre Cansa et le jeune CRICHNA, entre les chefs avoués des deux branches de la famille des Yadavas. — Peut-être, si l'on considère que Vasoudéva fut le chef spirituel de la famille, pensera-t-on que la lutte eut quelque chose du caractère religieux; tant est-il que CRICHNA, dans la suite de ses exploits, se montra toujours le fidèle soutien des dieux et des brahmanes, le ferme réparateur des maux qui troublaient l'ordre et l'observance des saintes écritures. Mais que l'on ne croie pas, après avoir vu le jeune héros dans le *Djangle*, à la tête des pasteurs, s'essayant à de plus grandes choses par des exploits contre les monstres qui infestaient la forêt, après l'avoir vu entraînant ses compagnons dans une de ces migrations que la vie nomade des peuples asiatiques dut longtemps rendre nécessaires, après avoir vu que le prélèvement d'un certain tribut exigé des pasteurs par le roi de Mathoura put bien amener entre les deux partis la rupture dont nous venons de parler ; que l'on ne croie pas, dis-je, que nous rencontrions pour toute la suite des événements que nous consultons, ces formes exactes et précises sous lesquelles nous aimons à retrouver toutes les évolutions de la politique des partis chez les peuples de l'Occident. Crichna n'est qu'un dieu, une incarnation, un avatar de Vichnou ; il faut s'attendre à le retrouver toujours avec ces gigantesques proportions du merveilleux et de l'inattendu.

Le dernier exploit de Crichna lui attira cependant les félicitations de Nârâda, de ce même Mouni qui avait prévenu Cansa des dangers qu'il courrait ; tant il est vrai que la bonne fortune attire toujours, dans les cours comme ailleurs, les hommages des hommes les plus haut placés, sans que le plus saint caractère les empêche de se mentir à eux-mêmes. — « Gloire à toi, lui dit le prêtre flatteur, car tu es la » source immortelle de toute chose, et tu feras le bonheur » des hommes. Parceque tu as tué Késin, tu seras désormais » appelé Késava !.. Tu peux maintenant accomplir le reste » de ta mission. Ne tarde pas à te montrer tel que tu es... » — Et, lui prédisant une partie de ce qu'il ferait dans l'avenir, il le quitta en lui annonçant qu'il le reverrait quand il aurait triomphé de Cansa.

Cependant, chargé des intérêts de Cansa, le trésorier royal allait se rendre dans le *Vradja*, comme il a été dit, pour engager Crichna et les siens à venir payer le tribut et partager les fêtes que le roi de Mathoura l'avait chargé d'annoncer. — Dès qu'il aperçoit Crichna, il ne peut l'envisager sans se sentir l'œil mouillé, dit l'auteur du *Harivansa*, et, lui prodiguant les plus douces paroles, il l'appelle son cher *Kesava*, et reconnaît dans l'enfant pauvre et faible encore, celui qui sera un jour le maître du monde. — « Je » ne puis en douter, se disait-il, cet enfant à l'œil de lotus, » aussi fort que le lion et le léopard, vainqueur de ses enne- » mis, verra la terre se réfugier à ses pieds.... — Descendu » en ce monde, il vient pour soulager l'humanité, lui qui » est le plus grand des dieux ; et les brahmanes, qui voient » l'avenir, savent que ce berger étendra la race affaiblie » d'Yadou. — Aidés de sa puissance, d'innombrables reje- » tons augmenteront la famille des Yadavas, comme les fleu-

» ves augmentent l'Océan. Le monde, à sa vue, reprendra » sa stabilité ; les inimitiés une fois éteintes dans le sang, » les peuples vivront en paix et se multiplieront comme » dans le Crita-Youga (premier âge du grand cycle des Hin- » dous). Maître de la terre, soumise à sa puissance, il sera » au-dessus des rois, et il ne sera pas roi lui-même..... » Bon et clément, accessible à la prière, c'est lui que les » brahmanes instruits ont chanté comme le plus ancien » des êtres. Kesava deviendra le désiré des nations, tant » sera grande sa prudence dans les affaires de la vie hu- » maine... »

Et le prévoyant envoyé se promit, dès ce jour même, d'honorer le jeune héros ainsi qu'il le méritait. Bientôt, en effet, entré dans la demeure de Nanda, avec le redoutable ennemi de Cansa, on le voit conférer longuement avec les chefs des pasteurs, les initier à tout ce que projette Cansa, et s'entendre avec eux sur les incomparables vertus de Vasoudéva, le vieux Vasoudéva trop longtemps exposé aux fureurs de Cansa, accablé encore plus par le chagrin que par les années ; et lui parlant de *Dévaki*, de sa mère, qui l'appelle sans cesse, il finit par lui dire que le moment est venu de se montrer dans Mathoura, et que tout enfant a contracté envers son père et sa mère une dette qu'il doit payer quand l'occasion s'en présente.

Comme on le voit, c'est là la défection elle-même dans les plus secrets agents de Cansa.

Crichna et son frère montent, en effet, bientôt sur le char rapide du trésorier et se rendent à Mathoura, suivis de tous les pasteurs qui se pressaient sur leurs pas. Ils descendent dans la maison du trésorier, et ne se font voir à Vasoudéva qu'après avoir visité la ville incognito et s'être concertés sur tout ce qu'il conviendra de faire. Enfin, profitant de plusieurs déguisements qu'ils prennent successivement, ils pénètrent dans le palais de Cansa, où de nombreux serviteurs disposaient tout pour les fêtes qu'il avait ordonnées.

Crichna s'était donc introduit dans le palais de Cansa, et, pénétrant dans ses salles d'armes, il s'était saisi d'un arc gigantesque, qu'on lui présentait comme une merveille, à raison de sa force et de sa dimension. — Le tendre et le courber jusqu'à ce qu'il éclatât ne furent qu'un jeu pour le jeune héros, qui disparut aussitôt que l'instrument eut été brisé, laissant le chef des arsenaux et le gynécée du roi ébranlés du bruit qu'avait fait cette arme en se rompant.

L'heure du spectacle et des plaisirs arrivait cependant,

et les ordres du roi avaient été donnés pour que deux incomparables lutteurs s'efforçassent d'attirer CRICHNA et son frère dans l'arène, afin de les tuer, s'il était possible. Un éléphant d'une adresse sans égale, avait aussi été disposé pour que les jeunes chefs des pasteurs, saisis par lui, fussent foulés à ses pieds quand ils se présenteraient à l'entrée de la salle de spectacle.... Mais CRICHNA devait déjouer toutes ces embûches et dissiper les dangers qui l'environnaient, par la seule force de sa nature divine. — Les deux lutteurs tombèrent sous ses coups; l'éléphant *Couvalayâpida* et les gens de pied, qui étaient chargés de le défendre, furent également renversés, et parvenant jusqu'à Cansa lui-même, CRICHNA l'arracha de sa loge, le traîna sur le milieu de la scène et le mit à mort, dans le moment où ce prince donnait l'ordre de jeter Nanda dans les fers et d'infliger à Vasoudéva la flétrissante punition du bâton.

Ainsi se termina entre Cansa et CRICHNA, ou plutôt entre Cansa et les membres de la famille d'Yadou, la lutte dont nous avons suivi les phases; querelle de famille et d'ambition, dont toutes les circonstances empruntent à l'Orient et au caractère de ses pouvoirs ce merveilleux et ces brusques évolutions que le génie de la politique asiatique a toujours affectionnés.

A peine Cansa fut-il précipité du trône, à peine les femmes du gynécée et les spectateurs qui inondaient les avenues du théâtre se furent-ils remis de l'émotion que leur causait la mort du roi, que tout ce que la ville de Mathoura comptait de grand et de puissant vint flatter la main heureuse du jeune héros. Ougranésa, le vieux père du défunt roi, crût devoir lui-même se présenter au jeune vainqueur de son fils, au moment où les pleurs des femmes et de la mère de Cansa avaient déjà touché le cœur du héros.

« Ta colère, lui dit le vieux roi, s'est déployée sur
» mon fils, et ton ennemi habite maintenant la demeure
» d'*Yama* (divinité de l'enfer). Puisse ta renommée, fondée
» sur ta justice, se répandre par toute la terre! Ta force
» s'appuie sur les bons, la terreur comprime tes ennemis,
» la race d'Yadou est affermie, tes amis sont fiers de tes
» succès et ta gloire a brillé aux yeux des rois voisins. De
» puissantes alliances vont augmenter ton crédit, et les
» princes implorer ta protection. Toute la majesté royale
» va t'environner et les brahmanes te combleront de leurs

» louanges. Des ministres habiles dans la paix comme » dans la guerre t'adresseront leurs hommages. — O » CRICHNA, cette armée de Cansa formée d'éléphants, » de chevaux, de chars et de fantassins est maintenant à » toi, ainsi que ses biens, ses trésors, ses pierreries, ses » étoffes précieuses, tout ce qui peut exciter le désir de tes » compagnons, les femmes, l'or, les vêtements, enfin » toute espèce de richesses. — Telle se montre, ô vain- » queur courageux, la vicissitude des choses humaines; » le bonheur s'attache à tes pas et la puissance est aux » Yadavas. » — Et le vieux Ougranésa, s'adressant aux plus nobles penchants du héros, lui parlant des torts de son fils, mais de son malheur aussi, lui demanda la permission de l'honorer au moins par des funérailles dignes de son nom, lui déclarant qu'après ce devoir pieux, il se retirerait dans les bois, au milieu des animaux sauvages.

CRICHNA, touché de ces paroles, répondit avec douceur à Ougranésa, l'ancien chef des Yadavas, et lui permit de rendre à son fils les honneurs que comportait son rang. Puis, lui parlant du destin et de l'imprescriptible loi qui pèse sur chacun des humains et règle ainsi sa fin, sans qu'aucune circonstance puisse en retarder l'accomplissement, il termina en ces termes:

« O prince, dit-il à Ougranésa, ayez soin maintenant de » conserver en votre mémoire le discours que je vais vous » tenir. — Je ne veux point de la royauté; le trône ne me » fait aucune envie et ce n'est pas par ambition que j'ai immolé » Cansa. C'est pour le bien du monde; c'est pour la gloire » même de notre famille, que votre fils, qui la compro- » mettait, a été tué avec son frère. J'aime bien mieux ma » vie champêtre, passée au milieu des vaches; libre » comme l'oiseau, je puis courir çà et là à ma volonté et » me livrer au plaisir. Oui, j'aime cent fois mieux cette in- » dépendance, et c'est la vérité que je vous dis: je ne veux » point de la royauté, je le déclare hautement. C'est vous » qui serez mon souverain; c'est à vous que je vais rendre » hommage comme au chef des Yadavas. Recevez donc ce » trône, qui désormais vous appartiendra, grand prince: » régnez pour être à jamais victorieux.... »

Et *Govinda* (surnom de CRICHNA), voulant observer toutes les règles, fit procéder au sacre du nouveau prince devant les Yadavas.

Voilà, dans la première péripétie de la vie de CRICHNA, quelle fut la révolution qui reporta la couronne de Mathoura sur la tête d'Ougranésa, qui en avait été brusquement dépouillé par Cansa, son fils.

Toutefois, on pourrait peut-être s'étonner que Crichna, jeune, ardent, et le représentant le plus actif de la famille et des intérêts des Yadavas, ne se soit pas lui-même assis sur le trône de Mathoura, et qu'il n'ait pas réservé pour lui et ses compagnons, comme le lui disait Ougranésa, la puissance et les richesses que la mort de Cansa, suivant l'esprit de l'Orient, mettait à sa complète discrétion. — Je ne sais si je me trompe, mais, ici plus qu'ailleurs, en dégageant CRICHNA de la forme surhumaine que la légende lui prodigue avec tant de plaisir, je crois voir toute autre chose qu'un simple ambitieux, pour lequel la conquête d'une couronne eût incontestablement suffi. — Retiré dans les forêts, placé à la tête de nombreux pasteurs, qui ont dû se plaire à grossir sa renommée, et dont les bras l'ont aidé à renverser le tyran, Crichna évidemment dut sortir des *Djangles*, où il s'était tenu jusque-là dans le mystère, comme un homme environné d'une sorte d'auréole merveilleuse, qui le fit considérer de bonne heure comme un *Avatar* (incarnation) de la Divinité, caractère religieux et providentiel que l'Inde a toujours accordé à ses grands hommes. Comment ainsi accueilli dans Mathoura, comment étonné lui-même de la mort de Cansa et de ses conséquences, dans ce jeune âge où l'ardente inspiration du cœur s'élance avec avidité vers tout ce qui porte le cachet du désintéressement, comment, dis-je, le jeune héros n'aurait-il pas pu penser, avec la rapidité d'un coup d'œil supérieur, que sa fortune, en se posant comme protecteur du trône au lieu de l'occuper lui-même, serait bien plus grande et plus sûre, bien plus conforme au caractère miraculeux et providentiel que toutes ses actions prenaient d'elles-mêmes dans l'esprit des peuples. Supposez un Mahomet ou un Napoléon dans les mêmes circonstances, et ils n'eussent pas pris d'autre parti très probablement, car, pour comprendre les hommes de l'Orient, il faut aussi voir le milieu où ils vivent, l'espace qui leur est donné.

II.

Suite de l'histoire de Crichna. — Ligues et guerres qui suivent la mort de Cansa. — Politique et situation générale des peuples de la presqu'île. — Migrations, établissements nombreux, fondation de villes.

Après la réhabilitation d'Ougranésa, Crichna et son frère se fixèrent un instant à Mathoura, célèbre capitale du *Souraséna*, qui forme aujourd'hui une partie de la province d'Ayra. Tout ce que la ville comptait de splendeurs et de charmes fut prodigué aux deux jeunes héros ; ses bains, ses palais, ses jardins, ce que la science et le commerce y avaient réuni de plus séduisant fut mis à leur disposition, et la population entière de la ville royale se plut, avec la famille des *Yadous*, des Bhodjas, des Vrichnis et des Andhacas, à charmer les loisirs du jeune fils de Vasoudéva, chef spirituel de ces nobles familles, comme nous l'avons dit. — Mais justement préoccupé de l'avenir et des suites que devait avoir la mort de Cansa, qui avait lui-même au dehors de nombreux alliés, Crichna et son compagnon, s'adonnant exclusivement à l'étude du *dhanour-véda* (1) et des armes, se retirèrent un instant dans la ville d'*Avanti* (2), chez un maître renommé, appelé Sândipani.

Toutefois l'orage que devait amener la mort de Cansa se préparait au loin chez les princes ses alliés, et les jeunes héros rentrèrent à Mathoura. Tous les Yadavas, remplis de joie, dit le poète, sortirent en foule au-devant de leur jeune parent, ayant Ougranésa à leur tête. Les chefs des corporations, les divers ordres de l'état, les ministres, les prêtres, les accompagnaient ; les habitants se précipitaient à leur rencontre et les instruments de fête retentissaient à la gloire de Crichna ; les rues étaient ornées de drapeaux et de guirlandes. — Dès l'arrivée de Govinda (surnom de Crichna), il n'y eut plus de malheureux ni de méchants à Mathoura. Les jeunes gens n'avaient plus que des paroles de sagesse, les vaches,

(1) L'un des quatre oupavéda traitant de la fabrication et de l'usage des armes et machines de guerre.

(2) Aujourd'hui Ougein.

les chevaux, les éléphants semblaient prendre part au bonheur commun ; le souffle des vents était favorable et les dix régions du ciel étaient tranquilles.....

Mais il n'en était pas ainsi au dehors. *Djarâsandha*, beau-père de Cansa et roi de *Râdjaghriha* (partie du Bahar actuel), se mettant à la tête d'une armée composée de six corps différents, se disposait à venger la mort de son gendre, et forma, à cet effet, une formidable ligue dans laquelle entrèrent les rois de Caroûchâ (1), de Tchédi (2), de Calinga (3), de Pôudra (4), d'Anga (5), de Banga (6), de Colasa (7), de Câsi (8), de Dasarna (9), de Souhma (10), de Vidéha (11), de Madra (12), de Trigarlla (13), de Salwa (14), des Daradas (15), des Yavanas (16), de Sôvira (17), de Gandhâra (18) et les fils *Dhritarâchta* parmi lesquels se trouvait *Douryodhana*, illustre prince que nous verrons dans une autre circonstance à la tête des Kourous, quand le monde indien, troublé par une autre guerre de famille, celle des Pandous et des Kourous, fut livré sous ces princes à tous les désastres de la guerre la plus acharnée.

Toutefois est-il, à en juger par la carte actuelle du pays, que la mort de Cansa et la lutte qu'engagèrent entre eux son beau-père, qui régnait dans une partie du Bahar, et les Yadavas, qui occupaient à peu de distance le Sourasena, dans la province actuelle d'Agra, amenèrent une conflagration dans laquelle entrèrent tous les rois ou radjahs qui, des sources de l'Indus aux bouches du Gange, au nord des

(1) Partie du Bundeskhand.
(2) Le Chandail.
(3) Partie du Bundelkinde.
(4) Partie du Chandail.
(5) Pays situé aux bouches du Gange.
(6) La partie du Bengale qui avoisine Dakka.
(7) Pays voisin de la rivière du Sayon.
(8) Benarès.
(9) Partie de l'Indostan central.
(10) Très-incertain.
(11) Aujourd'hui le Tirhun.
(12) Quelques Indianistes pensent que ce peut être le pays des anciens Mardes, au nord-ouest de l'Inde.
(13) Pays au nord-ouest vers Lahore.
(14) Au nord de l'Inde.
(15) Entre le Kackemyr et l'Indus.
(16) L'Arachosie à l'ouest dans le Caboul.
(17) Province au sud-ouest.
(18) Le Cândahar actuel, province de l'Afghanistan.

monts Ghates. formaient une suite de petits états tous indépendants les uns des autres, à ce qu'il paraît.

Djarâsandha et l'armée des confédérés se mirent bientôt en mouvement et vinrent asseoir leurs tentes, blanches comme la mer en courroux, sous les murs de Mathoura. La plaine se couvrit rapidement de leurs troupes, et l'on y voyait circuler les chars de bataille chargés de guerriers, attelés de chevaux bien exercés, marchant de concert ou isolément; des éléphants ornés de colliers et de clochettes d'or, montés par leurs habiles conducteurs; des chevaux aussi rapides que la tempête, aussi légers que l'oiseau, caracolant avec souplesse et dirigés par de formidables cavaliers; enfin, des fantassins pleins de force et de courage, couverts d'armes offensives et défensives, qui développaient leurs lignes et se groupaient par milliers, s'agitant comme des serpents. Ainsi divisée en quatre corps, l'armée de Djarâsandha, dit le narrateur, ressemblait à une nuée où le bruit des chars retentissait comme la foudre.

Tout se préparait pour une lutte acharnée. Les portes de Mathoura s'étaient fermées et les Yadavas, faisant leurs préparatifs, se mettaient en mesure de soutenir le combat. Au dehors, par ordre de Djarâsanda, les plus anciens des guerriers, distingués par leur *cantchouca* (sorte de vêtement) et la canne qu'ils portaient à la main, parcouraient les rangs et faisaient faire silence. On eût dit une mer agitée où les poissons circulent sans bruit; et chacun, rempli d'une attention religieuse, prêta l'oreille aux ordres qu'allait donner Djarâsanda: « Que la ville soit cernée de tous côtés, » dit-il; qu'on prépare les balistes, les projectiles et les » masses de fer; que dans la main des guerriers brillent la pi» que et la lance; que la hache et la houe poursuivent dans » la ville leur œuvre de destruction. » Et assignant à chacun des rois ses alliés le poste qu'il devait tenir, il leur commanda l'attaque simultanée des portes de Mathoura, situées au nord, au midi, à l'orient et au couchant de la ville.......
« Que cette ville, enveloppée de nos troupes, ajouta le beau» père de Cansa, soit frappée comme d'un coup de foudre; » que le désordre et la terreur s'y mettent, et que, malgré » la masse énorme de ses fortifications et de ses bâtiments, » elle soit détruite de fond en comble. » — Mais Crichna et son frère Rama (le même que Sancarchâna) veillaient au salut des Yadavas et avaient tout disposé pour aller joindre l'ennemi au dehors même des murs de la ville. Un terrible combat s'ouvrit donc entre les deux partis; et, après de

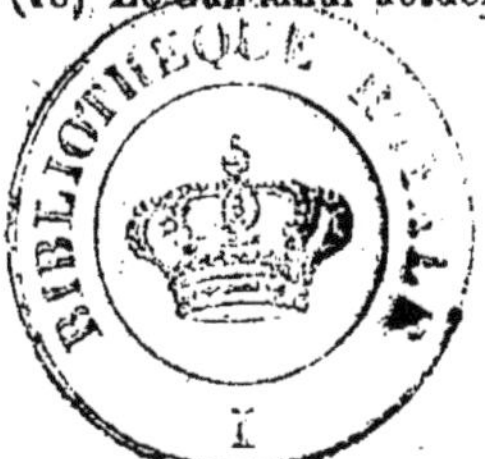

nombreuses alternatives de revers et de succès rapportées par le poëte avec tout le merveilleux qui convient à une légende sacrée en l'honneur de Govinda, un dieu s'interposant au moment où Djarâsandha allait périr sous la massue de Rama, ce chef parvint à s'échapper.

Ici, il y a un intervalle de repos, une sorte de suspension pour les Yadavas et leur jeune protecteur, mais sans qu'ils puissent échapper aux conséquences fatales d'une position hasardée contre un ennemi beaucoup plus puissant qu'eux. Et, quoiqu'ils eussent soutenu jusqu'à dix-huit combats contre Djarâsandha sans pouvoir le détruire, ils sentaient bien qu'ils ne pourraient longtemps faire tête à un pareil ennemi et aux nombreuses armées qu'il levait incessamment. — Ainsi apparaît dans la légende sacrée de *Hari* (surnom de Vichnou), l'histoire des Yadavas, dont la puissance, à ce qu'il paraît, ne fut longtemps que précaire et incertaine. Car d'abord établie beaucoup plus au sud de l'Inde, cette famille et celles des Vrichnis, des Bhodjas, des Andhacas, des Dasârhas et des Candjaras, qui n'en formaient, à ce qu'il paraît, que des branches séparées, avaient longtemps eu le siége de leur puissance dans les provinces d'Aroûpa et d'Anarlka, qui s'étendaient vers la mer, dans la région où se trouve aujourd'hui Surate. Des alliances avec les princes qui occupaient dans ces mêmes régions et vers les bouches de l'Indus peut-être l'île et la cité des Serpents, que la légende présente comme aussi solidement établie sur les eaux qu'elle l'eût été sur la terre, et comme contenant de nombreux palais aux portes et aux colonnes enrichies de pierres précieuses, avaient ajouté à leur puissance et les avaient aidés à s'élever assez rapidement pour que quatre des fils de Yadou allassent fonder l'un, une ville et un établissement sur le *Vindhya;* l'autre, sur le Rikchavâna, partie orientale de la même chaîne; un troisième, sur le Sava, montagnes placées non loin des sources du Godavéri, et le dernier dans une province nommée *Vanavâsin*, ou *Vindhyâvasin*, qui ne devait pas non plus être bien éloignée des monts dont le nom sert de racine à celui de la province. Mais la nature même de ces établissements, formés par des expéditions ou des migrations du genre de celles que tentent toujours les peuples et les familles qui cherchent à s'établir, prouvent, par cela même, que leur puissance était encore récente, peu affermie, peut être même peu étendue, peu prépondérante, si l'on réfléchit qu'à tant d'alliés serrés autour de Djarâsandha les Yadavas n'opposèrent longtemps que leurs propres forces, que les troupes et les ressources que la mort de Cansa leur avait laissées.

Et comment, en effet, résister à un si puissant ennemi, disaient-ils : « Notre ville n'a que peu de ressources et de » médiocres provisions en aliments et en combustibles, elle » n'a que de faibles forteresses ; et ses fossés ne sont pas » remplis d'eau. Il faudrait élargir les remparts et les re- » tranchements, construire un arsenal et réunir un grand » nombre de projectiles. L'armée formée par Cansa a suffi » à peine pour nous protéger une première fois : notre » ville ne pourra résister à un second assaut. » — Crichna, cependant, consulté sur les mesures qu'il conviendrait de prendre pour résister à une seconde invasion des armées de Djarâsandha, prit la résolution de déjouer les projets de l'ennemi en abandonnant les murs de Mathoura pour se retirer avec son frère vers le sud, en gagnant les montagnes du Sahya et les villes de Caravîrapoura et de Croûtchapoura, où il espérait trouver quelques alliés dans des princes qui devaient, comme lui, descendre des enfants de Yadou, fondateurs de ces villes.

Sancarchâna et Crichna se mirent donc en marche, et prirent la route du midi. La légende, qui retrace ce mouvement vers l'intérieur de la presqu'île, considérant toujours ses héros comme des *avatars* de la Divinité, ne parle absolument que de leurs personnes et non des troupes qui durent les suivre ; mais évidemment ce ne sont là que des réserves propres à la fiction mythologique, et, pour comprendre l'évolution dont nous parlons, comme les combats qui en furent la suite, il faut bien prendre cette fiction pour ce qu'elle est, c'est-à-dire pour un mouvement militaire.

En peu de temps nos deux héros, se dirigeant sur Caravîrapoura, fondée et habitée par des princes de leur propre famille, arrivèrent à un magnifique *nyagrodha* (Ficus indica), sous lequel reposait un *mouni* brillant de tous les feux de la pénitence. Couvert d'un vêtement d'écorce, une hache pendait à son côté et ses cheveux étaient relevés en *djatâ* (sorte de coiffure mystique appartenant à certains personnages). Fléau exterminateur pour les Kchatryras, ce saint personnage nommé Parasourâma, habitait le Mahendra, que M. Wilson place dans la partie septentrionale des Ghates.

Un colloque s'établit entre l'illustre mouni et les deux jeunes héros sortis des murs de Mathoura. Je sais votre histoire, dit le pieux Ritchi, et, quittant mes disciples que j'ai laissés à Aparânta, je suis venu seul ici afin de vous donner quelques avis.... « Ton intention, ô Govinda, était » de te rendre à *Caravîrapoura*, fondée par tes ancêtres. » Un roi fameux, appelé *Srigâla*, y règne ; mais ce roi, » cruel ennemi du mérite, a donné la mort à tous les princes » de sa famille qui pouvaient avoir des droits à la couronne. » — Je pense que cette ville, toujours remplie de guer- » riers, serait dangereuse pour toi. » — Et ayant tra- versé ensemble la rivière de Véna pour gagner, à l'extré- mité de la province, le pic escarpé d'Yadjnagiri, le plus élevé de la chaîne du Sahya, ils y passèrent la nuit, se cachant sous les arbres touffus et fleuris qui couvraient ce piton. Le lendemain ils traversèrent la rivière de Khatwângî aux rives escarpées, qu'habitaient des laboureurs fameux par leurs austérités ; et, marchant au-delà, ils arrivèrent à la grande ville de Croûtchapoura, où régnait un roi de la famille de Crichna nommé Mahâcapi, dont le pouvoir s'é- tendait sur tout ce pays abrupte et couvert de forêts. Ils de- vaient toutefois encore s'abstenir de voir ce prince ; mais sachant qu'en vertu de ses liens de famille et par amour de la justice il leur serait probablement favorable, ils s'ar- rêtèrent dans ses états, que la nature avait elle-même dé- fendus. Ils se retirèrent sur le *Gomantâ*, montagne formée de plusieurs collines, dont le pic le plus élevé s'élance jus- qu'au ciel. « Ce pic, dit le mouni, est l'endroit où les dieux » fatigués viennent se reposer. Entouré des astres, il est » comme le marchepied du *Sivarga* ou le belvédère du » firmament. Couvert de chars divins, qui viennent s'y » abattre, il ressemble à l'incomparable *Mérou*. Là, sur ce » sommet élevé, brillant comme deux divinités, vous » apercevrez l'aurore et le couchant, le soleil et le dieu de la » lune, roi des étoiles ; l'océan orageux sans rivages, orné » d'îles innombrables. C'est de là aussi, de ce sommet, de- » venu votre forteresse, que vous provoquerez Djarâsandha » et que vous le vaincrez. »

Le beau-père de Cansa, suivi de ses nombreux alliés et des troupes qui se pressaient sur leurs pas, ne tardèrent pas à se montrer au pied du Gomanta. Le cerner et l'assiéger, afin de réduire les deux chefs yadavas qui s'y étaient re- tirés, fut la première pensée des assiégeants ; mais, sur les observations d'un des confédérés, qui objecta que ni l'assaut ni la tranchée ne pourraient rien contre une telle position, l'idée de mettre le feu aux bois qui couvraient les pentes du rocher fut présentée et acceptée. Les troupes de Djarâsandha se pourvurent donc de bois sec et le déposèrent au pied du Gomanta. Ils formèrent ainsi sur le pourtour de la colline une large ceinture de feu qui s'éleva rapidement jusqu'au sommet. On vit bientôt la montagne entière enflammée comme la nue qui s'illumine aux rayons du soleil, bouillonner en laissant ruisseler sur ses flancs de larges cascades de laves dévorantes qui entraînaient de toutes parts les arbres et les rochers; qui, volant elles-mêmes en mille éclats, roulaient comme de terribles météores et se dispersaient dans les airs pareils à une vapeur de cendres et de charbons enflammés. La plus grande confiance régnait dans l'esprit des confédérés et tout leur donnait à penser que la chute de Crichna et de son frère ne pouvait tarder.

Mais le vaillant chef des Yadavas, pareil à un sombre nuage, s'élance du sommet du *Gomanta* vers la plaine, et la montagne, ébranlée sous ses pieds, voit l'eau des sources jaillir de toutes parts en même temps que ses tempes distillent une sainte liqueur qui apaisait l'incendie. Les deux jeunes héros sont bientôt au milieu de leurs ennemis, et, pareils à deux monstres de l'Océan qui s'avancent au milieu des eaux, les rangs de leurs adversaires cèdent partout devant eux; et leurs armes merveilleuses forment de larges sillons au milieu des éléphants et des chevaux. — La lutte fut longue, mais non douteuse, et bientôt les alliés de Djarâsandha ne pouvant considérer le jeu effroyable des armes divines de Vichnou, ne songèrent qu'à leur salut. De tous ces chars de bataille qu'on avait vus si brillants et si nombreux, dit le poëte, les uns étaient fracassés, les autres portaient leurs conducteurs que la mort avait moissonnés; quelques-uns étaient renversés, n'ayant plus qu'une roue. La terre était arrosée du sang des princes et aussi rouge que la femme qui s'est teint le corps avec de la poussière de sandal; on voyait un large fleuve étendre au loin ses vagues sanglantes où surnageaient des cheveux, des membres épars, des entrailles d'hommes et d'éléphants.

L'armée de Djarâsandha prit la fuite, et Crichna, resté maître du champ de bataille, ne tarda pas à voir l'illustre roi de *Tchedi* venir lui demander alliance, en protestant de son dévouement, et lui disant qu'il avait vainement essayé de dissuader l'insensé Djarâsandha d'oser se mesurer à lui et de poursuivre ainsi les Yadavas, que leur courage et leurs vertus devaient placer à la tête des hommes. — « Tout » est terminé, dit-il à Crichna, et il ne reste sur le champ

» de bataille que des cadavres et des oiseaux de proie; abandonnons ces lieux pour nous diriger vers *Caravîrapoura*. — » Tu es de tous les rois le premier allié des Yadavas, lui » répondit Crichna, et je me le rappellerai, car tu prendras » part désormais à nos combats, et je suivrai la route que tu » nous indiques. »

Montant sur les chars qu'avait disposés le roi de *Tchedi*, son oncle, ils arrivèrent en trois nuits près de Caravîrapoura : mais le radjah qui y régnait, suivant les sages prévisions du mouni Parasourâma que le héros avait rencontré en se rendant au Gomanta, se présenta en armes pour leur disputer le passage. *Srîgala* ayant audacieusement offert à Crichna de se mesurer avec lui corps à corps, ne tarda pas à tomber sous les coups de son redoutable adversaire.

Sans une circonstance digne de remarque, la mort de ce radjah ne serait qu'un des très-nombreux exemples des plus communs exploits de Crichna; mais nous ne pouvons omettre de rappeler ici ce que Parasourâma avait dit du soin pris par ce prince de faire mourir tous les membres de sa famille, qui lui portaient ombrage, et les mémorables paroles de ce prince, quand il offrit à Crichna le combat, en lui disant que s'il en sortait vainqueur, il serait désormais le seul *Vasoudéva* de ce monde, comme s'il succombait, Crichna serait le seul à porter ce nom. — Cette prétention et ce soin de se défaire de tout prétendant à la couronne de Caravîrapoura fondée par les soins des enfants de Yadou, ne seraient-ils pas ici un indice des divisions qui régnèrent si longtemps dans la famille des Yadavas, et des prétentions opposées à la diriger que ne cessèrent d'élever ceux de ses membres que les événements favorisèrent; toutes circonstances d'ailleurs qui prouvent de plus en plus combien l'autorité et la puissance de ces faibles dynasties furent précaires et changeantes.

Toutefois, l'orage se trouva encore dissipé, au moins pour un moment; et, rentrés dans les murs de Mathoura, Crichna et son frère *Sancharcana*, sous le nom de Rama, s'abandonnèrent au repos et à des œuvres plus pacifiques, parmi lesquelles il faut remarquer la canalisation de l'Yamouna, entreprise par Sancharcana en faveur des pasteurs du Vradja qu'il était allé visiter. — « Bonne arrivée, vaillant héros, or- » gueil des Yadavas, lui avaient dit les anciens de la vallée, » nous sommes bien heureux que Rama, la terreur de ses » ennemis, pense encore à venir en ces lieux....

—Non moins que les Yadavas, répondit Rama, vous êtes

» nos parents ; c'est ici que s'est écoulée notre enfance, ici » que nous avons connu le bonheur. » Et le héros, au soc terrible, parlant du temps où il vivait au milieu des pasteurs suivant leurs troupeaux à la forêt, buvait d'une liqueur enivrante que les bergers s'étaient empressés de lui offrir avec des fruits et des fleurs aux doux parfums. La tête ornée de ses beaux cheveux blonds, une de ses oreilles parée d'un riche pendant, sa large poitrine rouge de sandal et couverte d'une guirlande de fleurs, Rama dit à l'Yamouna : « Noble rivière, je veux me baigner ; viens vers moi, ô belle qui cours vers l'Océan. ». — Et l'Yamouna dédaignant l'ordre de Sancarchana que les vapeurs de l'ivresse avaient échauffé, le héros s'arma du redoutable soc qui lui pendait au côté, recourbé comme le corps d'un serpent, il le lança en l'enfonçant dans le sein de la terre, et par le sillon que ce soc vint à tracer, le héros se rendit sur le bord de Yamouna qu'il entraîna après lui comme une femme avec qui l'on use des droits du plus fort. La rivière avec ses ondes jaillissantes, ses courants, ses étangs, vint en tournoyant par la route que lui avait ouverte le soc, elle obéit à la crainte que lui avait inspirée Sancarchana, et la nymphe, dont les reins sont des îles verdoyantes, les lèvres les fruits du *Bimba* et les fils de sa ceinture l'écume de ses flots, se vit entraînée violemment avec ses eaux loin de son ancienne route jusque dans le Vrindâvana.

Ainsi se partageait entre les travaux de la guerre et ceux de la paix la vie des deux jeunes héros, qui nous paraissent résumer de la manière la plus complète l'esprit et le caractère de ces chefs ou radjahs que le sort de la naissance appelait à diriger les événements qui ont fait de tout temps le fond de l'histoire des peuples hindoustaniques. Mais la voie s'élargissait chaque jour devant eux, et, encore réduits à une seule alliance parmi les chefs prépondérants de la presqu'île, comme il le disait il n'y a qu'un instant, en parlant du roi de Tchedi, son parent, Crichna sentant plus que jamais le besoin de fortifier le pouvoir de sa race, s'arrêta à l'idée d'obtenir la main de la célèbre Roukmini, fille du roi de Coundina, que sa beauté signalait comme la plus belle des trois mondes.

Mais ce projet n'était pas sans témérité, cette prétention n'était pas peu élevée, car le vaillant défenseur des Yadavas, malgré sa haute renommée, était encore isolé dans le monde ; et, n'étant pas roi, il ne pouvait s'asseoir dans l'assemblée des radjahs que sur un siége inférieur. D'une autre part, des émissaires envoyés au dehors par le soin des Yadavas, pour savoir ce qui se passait chez les anciens alliés de Djarâsandha, venaient de rentrer, parlant de nouveaux préparatifs de guerre qui se poursuivaient dans l'ombre et sous l'apparence de réunions et de fêtes préparées pour le mariage de la fille de Bhîchmaca, le roi de Coundina. Dans l'enceinte de Mathoura tout ne paraissait pas d'ailleurs très affermi; et, soit que l'envie eût déjà suscité des jaloux au jeune héros, soit que le parti de l'ancien roi, cédant peut-être aux suggestions de son beau-père Djarâsandha, y eût recruté de nouveaux partisans, Criçhna et les siens, peu rassurés sur les intentions d'un corps de Kchatryas, qui, en son absence, menaçait de soulever la populace, se trouvaient plus embarrassés que jamais.

Il résolut cependant de sortir de Mathoura, entouré d'un cortége et d'une suite dont le luxe et la valeur étaient capables d'en imposer à tous ceux qui auraient eu l'idée de le surprendre ou de le combattre. Frappé de ce qu'il venait d'apprendre *comme d'un trait qu'on lui eût lancé au cœur*, le jeune héros, excité sans doute par le récit des fêtes qui se préparaient à la cour de Bhîchmaca, et peut-être plus encore par ce qui se racontait de merveilleux de l'incomparable beauté de Roukmini, dont la main, suivant la coutume en usage parmi ces tribus guerrières, devait appartenir à celui qui saurait fixer son regard par son adresse ou ses hauts faits, avait résolu d'aller se mêler à l'assemblée des nombreux chefs qui s'étaient donné rendez-vous à Coundina, soit réellement pour disputer la main de la belle Roukmini, soit pour renouer les liens d'une troisième coalition contre les Yadavas et leur jeune chef.

Accompagné de ses parents, monté sur un char magnifique, Crichna, à la tête d'une nombreuse troupe de guerriers courageux et avides de combats, arriva au pays de Bhîchmaca au moment où le soleil rougissait l'horizon.

Comme on le lui avait dit, les rois se réunissaient et formaient une espèce de camp dont les tentes couvraient la terre. Ce spectacle l'enflamma de courroux, et au lieu d'entrer à *Coundina* et de se présenter à Bhîchmaca, appelant à lui Garouda, le merveilleux oiseau qui lui servait de monture (1); il se dirigea rapidement vers *Vidarbhâ*, où régnait le généreux Késica, chef de nombreux et de puissants Kcha-

(1) La 44.e lecture du Harivansa donne une ample description de cet oiseau fabuleux, dont le plumage varié brillait comme une montagne féconde en minéraux.

tryas, qui s'empressèrent de l'accueillir. Késica, heureux de l'arrivée du héros, lui présenta l'*argha* et l'eau de l'*âtchamana*, signes ordinaires de l'hospitalité (1); et se concertant avec son frère Cratha, qui partageait avec lui l'autorité royale, sur le parti qu'ils pouvaient tirer de la présence de Crichna, qu'ils reconnurent pour un *avatar* de la Divinité, pour le *dieu des dieux*, ils résolurent, afin de le recevoir dignement et selon son rang, de lui faire hommage de leur propre couronne. Et, se présentant à lui, ils lui offrirent tout ce qui leur appartenait: leur tchâmara, leur éventail, leur parasol et leur étendard, signes ordinaires de la royauté, et, avec ces signes, leur armée, leurs trésors et la ville où ils régnaient. — « Car, ajoutèrent-ils, quand on parle de » toi, on finit en disant: Il est le protecteur des rois, et il » n'a point de trône, il n'a point de capitale. Comment ce » fils de Dévakî pourrait-il siéger dans le conseil des rois et » venir disputer la main d'une princesse?... Exerce donc » dans Vidarbhâ, lui dirent-ils, ton premier acte de souve- » raineté et apparais demain sur ton trône resplendissant. »

Ainsi s'exprimait le roi de Vidarbhâ, dans l'intérêt d'une alliance qu'il réclamait peut-être, ou que l'autorité et les armes de Crichnà avaient elles-mêmes commandée, quand les princes, réunis dans la plaine de Coundina, alarmés de la venue du vaillant chef des Yadavas et redoutant son bras, s'interrogeaient sur son arrivée, sur les intentions et les projets qu'il pouvait nourrir.

Le ressentiment se mêlait encore à leurs paroles, mais la politique la plus raffinée les inspirait; et, dans un conseil proposé par Bhîchmana et tenu dans son palais même, divers avis avaient été ouverts pour savoir comment, sans blesser les convenances, on parviendrait à détourner la colère du héros et à l'appeler aux fêtes qui se préparaient pour le mariage de Roukmini. Les uns, citant sa valeur et sa renommée, avaient dit qu'il ne pouvait y avoir que du danger à le tenir écarté des fêtes qui allaient s'ouvrir; d'autres, rappelant ses exploits et ses hauts faits, avaient fait observer qu'il ne pouvait être que très-honorable de s'allier à un pareil héros, et que s'il était, comme on le disait, un *avatar* de la

---

(1) Aujourd'hui encore ces pratiques sont en usage dans l'Inde, et les lettres du malheureux Jacqmont en témoignent hautement pour ce qui lui est personnel. L'*argha* consiste en présents composés ordinairement des étoffes et des choses les plus rares du pays. L'*âtchamana* consiste à offrir des rafraîchissements et des eaux de senteur pour se laver.

Divinité elle-même, il ne pouvait y avoir qu'un grand intérêt à contracter alliance avec lui le plus tôt possible.

Bîchmaca avait cédé à ces considérations, et, décidé à se mettre en route, il allait partir avec les princes attachés aux devoirs de la politesse, suivi des *magadhas* et des *vandins* (1), qui sont habiles à tourner les compliments, quand des messagers du roi de Vidarbha entrèrent dans l'assemblée élevant une lettre au-dessus de leur tête. — C'était l'avis, de la part de Késica, de ce que lui et son père venaient de faire en l'honneur de Crichna, et l'invitation aux rois réunis à Coundina de venir le lendemain honorer de leur présence le sacre de Crichna, qui allait recevoir le baptême royal. — En résumé, la dépêche portait : Que Crichna se rendrait à *Coundina* pour demander la main de la princesse, et que celui qui ne viendrait pas lui rendre hommage encourrait son indignation.

Ces circonstances mirent fin à toute délibération, et les rois réunis dans le palais de Bhîchmaca, ayant accédé à l'invitation qui leur était faite au nom de Késica, on entendit une voix qui s'échappa du ciel et dit : *Indra*, maître des trois mondes, vous fait savoir, pour le bonheur des créatures comme pour votre propre avantage, que chacun, dans votre royaume, vous devez vivre en paix avec Crichna, qu'il peut relever ses ennemis abattus et devenir pour ses adversaires un feu destructeur... « Renoncez donc à vos » ressentiments, et formez avec lui des liens d'amitié. »

Les princes, redoutant la malédiction d'Indra, dit la légende, acquiescèrent à l'invitation de Késica, et se préparèrent à honorer de leur présence le couronnement du jeune chef des Yadavas. Le sage Djasârandha lui-même fit une proclamation pour les y engager. Bhîchmaca se mit à leur tête, et, entourés d'un cortége nombreux, ils arrivèrent au palais de Késica, où se trouvait le grand Crichna.

Rien de curieux et de fin comme la manière dont cette entrevue de Crichna et des princes deux fois ligués contre lui est rendue par le poète. La parole ferme, ardente, hautaine de Crichna, opposée aux protestations calculées des princes qui se pressent autour de son trône, offre constamment la peinture la plus vraie et la mieux sentie de cette politique des cours asiatiques qui, souple ou audacieuse, suivant les circonstances, s'élève jusqu'aux hautes proportions du surnaturel ou s'abaisse jusqu'aux formules les

(1) Sorte de bardes attachés aux cours de l'Inde.

plus dégradantes de l'asservissement. Tout d'ailleurs, dans la pensée du poète comme dans celle des peuples qui en ont accepté la tradition, a été préparé pour relever dans cette circonstance la nature divine du héros que la légende présente comme un *avatar* de la Divinité. L'empressé Késica, désireux d'honorer son nouveau maître, a-t-il offert son propre trône pour la cérémonie qui se prépare, et l'a-t-il paré de ce qu'il avait de plus riche ; c'est sur un siége fabriqué par Viswacarman lui-même, l'habile artisan des dieux, sur un siége tout brillant d'or et de pierreries, orné de la figure du lion et descendu du ciel à l'instant même, que s'assoit Crichna pour recevoir les princes confédérés, ses anciens ennemis. Les dieux assistent de loin à cette cérémonie, et, au milieu des étendards et des guirlandes qui marient leurs couleurs au reflet de la pierre précieuse ; çà et là on entendait le bruit des chars aériens qui transportaient les dieux en même temps que l'on voyait la troupe folâtre des apsaras et des Vidyâdharas (1) déployer et resserrer les plis nombreux de leurs longues files, en dansant et suivant la mesure que les Kinnaras (musiciens célestes) marquaient de leurs chants et de leurs instruments divins. Des Mounis et d'autres Kinnaras chantaient les louanges du maître des dieux ; des Sidoas et des Ritchis faisaient leur prière quand les tambours célestes retentissaient d'eux-mêmes.

Dès que les rois de la terre furent arrivés, le divin Hari (Crichna) se présenta à eux et vit s'épancher vers lui les urnes célestes des Nidhis, qui inondèrent sa tête d'une pluie d'or, de fleurs et de parfums, qui servit à le consacrer suivant les rites antiques. Près de lui se trouvent rangés les Yadavas et les deux princes de Vidarbha, les Vrichnis et les Andhacas. Le sage Késica lui rendant hommage, lui dit : — « Seigneur, tous ces princes ne voyant d'abord en vous qu'un » mortel ordinaire, s'étaient mis en hostilité contre vous. » Daignez leur pardonner. »

— « Je n'ai jamais nourri, même un seul jour, repartit Crichna, aucun sentiment de haine contre personne, surtout » contre des Kchatryas fidèles au devoir de leur caste. »

Les discours se succédant les uns aux autres, Crichna et les confédérés, tout en protestant de leurs intentions, récapitulèrent une partie des événements accomplis, en s'efforçant de rappeler l'équilibre entre les pouvoirs qui s'étaient si longtemps mesurés sur le champ de bataille.

(1) Divinités du 2.e ordre, qui figurent continuellement dans ce que l'art et la science rappellent.

Mais là n'était pas toute la question qui devait se traiter dans la conférence : Crichna, par le message que Késica avait dépêché aux confédérés, n'avait laissé aucun doute sur ses intentions à l'égard de la belle Roukmini, il la désirait et il la voulait; aucun prétexte, aucun motif de refus ne pouvait désormais lui être opposé. — Vainement *Bhichmaca* lui parle-t-il de la résolution que Roukmin, son fils, a manifesté de s'opposer aux prétentions de Crichna, le héros n'acceptera aucun diffuge. — « Que signifient ces ex-
» cuses et cette parole, monarque prudent, reprend Crich-
» na? Si vous refusez votre fille, quel est donc le maître qui
» vous commandera de la donner? Lorsque sur le sommet
» du *Mérou* tous les dieux ont formé la résolution de s'incar-
» ner, *Srî* (1) a dû faire comme eux : elle a reçu de Brâhma
» l'ordre de prendre comme son époux un corps mortel :
» Allez à Coundina, lui a dit ce dieu, et descendez dans le
» sein de l'épouse de Bîchmaca. Soyez heureuse, et atten-
» dez l'arrivée de Késava (Crichna). O roi! je vous le dis,
» en vérité, et mon discours doit vous servir de règle :
» Roukmini, votre fille, n'est pas d'une nature mortelle.
» Elle ne peut donc pas être soumise à cette cérémonie de
» l'élection d'un époux parmi les princes. Elle n'appartient
» qu'à un seul, telle est la loi, et vous ne pouvez souffrir
» qu'elle soit la victime d'une élection forcée......... Prince,
» j'excuse tout, et je reprends désormais les dispositions
» pacifiques que j'avais en venant dans ce pays. La clémence
» est la source des vertus, et je sais oublier une injure, puis-
» qu'arrivé en ces lieux avec une armée, je m'abstiens d'at-
» taquer mes ennemis. Si je n'avais point pardonné, j'irais
» vers eux, porté sur l'oiseau qui me sert de monture (Ga-
» rouda); balançant dans mes mains des armes aussi bril-
» lantes que le soleil et la lune..... » Et assurant le ciel aux deux princes de Vidarbha, qui, pour présent d'hospitalité, avaient donné leur trône, il annonça que, pour prix de cette action, dix de leurs ancêtres et dix de leurs descendants futurs parviendraient également au séjour des dieux; que, quant aux nobles princes qui étaient venus assister à son sacre, pareille récompense leur serait réservée quand leur temps serait arrivé. Puis Crichna monta presque aussitôt sur son char et se retira vers Mathoura, remplissant de son éclat les dix régions du ciel.

(1) Épouse mythologique de Vichnou, déesse de la prospérité et de l'abondance.

Rien cependant n'avait été décidé pour le mariage de Roukmini, et partagé entre les exigences de Crichna et la résistance obstinée de son fils, Bîchmaca flottait irrésolu entre les deux partis, quand Djarâsandha et quelques-uns de ses amis, élevant la parole, parlèrent de la honte qu'il y aurait pour eux à céder sans combat aux exigences de Crichna. Et l'un d'eux étant venu à parler d'un prince des *Yavanas* qui, pour prix de la vertu de son père, avait reçu des dieux la faveur de ne pouvoir mourir de la main de *Crichna*, il fut résolu que l'illustre radjah de *Sôbha*, au nom de Djarâsandha et de ses amis, se rendrait près de ce prince afin de le prier de venir se mettre à la tête des troupes avec lesquelles ils se proposaient d'attaquer Crichna pour la troisième fois.

C'était une nouvelle et troisième ligue, et elle se forma plus redoutable que les deux premières, grossie de toutes les forces que le roi des Yavanas apporta au parti de Djarâsandha. Crichna ne tarda point à calculer tous les dangers qui le menaçaient; et ayant réuni les Yadavas, il délibéra avec eux sur le moyen d'échapper à la haine infatigable et toujours renaissante de leurs adversaires. — « Nous avons sans » doute une grande multitude de montures de guerre, dit » le fils de Vasoudéva, une infanterie immense, des trésors » en pierreries et beaucoup d'alliés; mais cette puissance de » Mathoura va rencontrer un ennemi qu'elle ne pourra vain» cre, et dont le destin est de l'anéantir. Cette grandeur que » nous devons à nos armées et à nos alliances touche à sa » fin; je prévois la perte inutile de tous ces innombrables » guerriers, de ces fantassins intrépides et la ruine des habi» tants. Je pense, chefs yadavas, qu'il faut aller fonder ail» leurs une ville nouvelle; c'est un parti pénible, mais né» cessaire, et cette proposition que je vous fais, est la seule » qui convienne à notre position. »

Prenons donc le parti que commandent les circonstances, s'écrièrent tous les Yadavas, et la ligue formée par Djarâsandha et le nouveau chef son allié amena une dernière évolution dans la vie politique de la famille et des peuples à la tête desquels Crichna s'était placé. Mathoura ne tarda pas, en effet, à être circonvenu et les armées de la coalition se déroulaient déjà dans la plaine, quand Crichna décida que le moment était venu de s'en éloigner. Toutefois, rapporte le chroniqueur, Crichna, avant de partir, voulant tenter un dernier expédient et espérant encore arrêter Calayavana, qui s'avançait à la tête de tous les rois mletchtchbas (1) accou-

(1) Étrangers.

rus du nord-ouest pour se joindre à Djarâsandha, l[illegible] [illegible]oya dans une urne revêtue de son sceau un serpent noir, terrible et venimeux, semblable pour la couleur au liniment dont on teint les sourcils. Mais à peine l'homme de confiance de Calayavana eut-il ouvert l'urne et compris l'objet de ce message, que le roi des Yavanas ordonna à son serviteur de remplir ce même vase de fourmis, d'y renfermer le serpent noir que Crichna lui avait adressé, et de retourner *le tout au chef des Yadavas*, revêtu du sceau de Calayavana.

Aussitôt que cette urne eut été rapportée à Crichna, celui-ci l'ouvrant avec curiosité, reconnut que le serpent n'existait plus. Il avait été complétement dévoré par les fourmis..... — Frappé de la réponse que Calayavana avait ainsi faite à son message, le fils de Vasoudéva déclara qu'il ne pouvait désormais y avoir de remise et qu'il fallait au plus vite s'éloigner des murs de Mathoura. — A cet ordre, tous les Yadavas quittèrent la ville avec un bruit qui ressemblait à celui des flots de la mer. — L'avant-garde était conduite par Vasoudéva, et les femmes s'y trouvaient placées. Les Vrichnis avaient chargé leurs trésors sur des éléphants, des chars et des chevaux qui marchaient au bruit étourdissant des tambours. Venaient ensuite les Yadavas, habiles dans l'art des batailles, formant une arrière-garde commandée par Crichna lui-même....... Bientôt ils eurent gagné le pays d'Aroupa (1) dépendant des états du roi de Sindhou.

A la vue des plaines où croissait en abondance le cocotier, le palmier et la vigne, les Yadavas ne purent retenir les larmes de joie qui coulaient de leurs yeux. Crichna, occupé d'y chercher l'emplacement d'une ville, y choisit une terre située entre l'Aroupa et l'Océan, dont le sol, d'une nature rouge et sablonneuse, était favorable à l'entretien des troupeaux, dit la légende; et se fixant près des villes florissantes du Sindhou (le Sindhe actuel) et du Revata, il y fonda une ville nommée Dwaravati, dont il traça lui-même le plan, pareil à un grand échiquier. Ainsi se trouva de nouveau déplacée la famille et la puissance des Yadavas que nous avons vues tour à tour régner dans le sud, près les monts Vendhya, se reléguer un instant dans une étroite vallée de l'Yamouna, se relever forte et florissante sous les murs de Mathoura, et se réfugier une dernière fois loin de ses re-

(1) Celui-là même d'où les enfants d'Yadou s'étaient éloignés dans les premiers temps de leur prospérité.

doutables ennemis à Dwaravati, que les indianistes placent dans une île du golfe de Cuth, qui aurait ensuite disparu elle-même avec les Yadavas par les effets d'un tremblement de terre.

Du reste, comme le fait observer M. Langlois, le savant traducteur du Harivansa, si l'imagination du poëte peut avoir embelli le récit de cette dernière migration, le fond ne doit pas moins en être considéré comme exact, si l'on en juge par l'abandon successif de Dehli et de plusieurs capitales, qui, dans les temps modernes, ont aussi passé de la splendeur la plus avérée au silence absolu de l'abandon.

Ces déplacements d'hommes et de puissance dans une vaste région où les pouvoirs politiques furent toujours très-disputés en même temps que les populations furent elles-mêmes très-éloignées les unes des autres par leur degré de civilisation, ne doivent pas étonner ; et, dans les temps les plus anciens comme de nos jours, ces mouvements s'expliquent sans difficulté. — D'un autre côté, on peut comprendre comment ces mêmes migrations par masses populeuses souvent très-avancées durent être et purent devenir la source féconde d'un nouveau développement dans les arts comme dans les sciences, qui, changeant ainsi le foyer de leur activité, se régénéraient et se fortifiaient de toutes les ressources que des circonstances nouvelles leur présentaient. — Ce que la légende nous apprend de *Dwaravati* et des merveilles qu'y créèrent les Yadavas, prouve également de combien ce nouveau siége de leur puissance fut supérieur à celui de Mathoura qu'ils avaient été forcés d'abandonner. Retranchés dans une île du golfe de Cuth, sur les eaux duquel ils furent obligés de conquérir une partie de l'assiette de leur ville, on voit avec quel soin, protégés par de nombreuses tours et de larges murailles, ils s'étaient étudiés à embellir la nouvelle cité qui devait leur donner à la fois un libre accès vers l'Aroupa (1) et les quatre mers dont les eaux venaient baigner ses murs. Les temples, les palais, les kiosques, les arcades et les rues sans nombre se dessinaient dans son enceinte et en firent une merveilleuse cité sans égale dans les sept dwipas (sept régions du monde) ; et, comme tout devait répondre à l'origine en quelque sorte surhumaine que lui prêtait le divin concours de Crichna, il fallut aussi que ses pouvoirs eux-mêmes, se régénérant par la volonté de l'immortel chef des Yadavas, prissent

(1) Une des plus riches provinces du pays.

dans sa volonté et leur propre régénération une force inattendue de spontanéité et d'autorité divine qui ajouta beaucoup à leur valeur. Ainsi furent établis par ses soins des *barrières*, — des corporations, — des ordres dans l'état, — des chefs dans l'armée et dans l'administration, — un pontif supérieur, — un général en chef, — un premier conseiller, et dix vieillards pour juger tous les différends qui surviendraient entre les citoyens, etc. etc.

Mais procédant aussi à une œuvre de régénération et de force pour sa propre famille, Crichna, malgré sa nature divine, ne devait pas échapper aux imprescriptibles exigences de la nature qu'il avait empruntée, ne fût-ce que pour accomplir la volonté des dieux. — Les yeux de la belle Roukmini l'avaient frappé au cœur; il fallait à tout prix qu'il la possédât... Cependant, comme on le pense bien, ni l'abandon subit et inopiné de Mathoura, ni la coalition nouvelle fomentée par les soins de Djarâsandha, ni la réunion des soixante-dix-sept armées complètes que les confédérés avaient mises en mouvement pour envahir l'ancien siége de la famille des Yadavas, ne pouvaient évidemment avoir secondé les projets du jeune chef qui, un instant assis sur le trône de Vidarbha, avait sommé les princes réunis à Coundina de *lui venir rendre* hommage. Les temps avaient rapidement changé évidemment, et si, suivi alors de ses troupes et de ses amis, il avait pu un instant en imposer aux nombreux radjahs qui s'étaient donné rendez-vous à la cour de Bîchmaca, il est de toute évidence que sa retraite vers le golfe de Cuth ne leur laissait plus d'inquiétude au sujet des prétentions qu'il avait élevées; aussi voit on par la 115.e lecture du *Harivansa* que les princes confédérés, et Djarâsandha à leur tête, se regardant comme complétement débarrassés des importunes prétentions de Crichna, avaient eux-mêmes fixé le mariage de Roukmini, quand Crichna, apprenant ce qui allait se passer, prit ses mesures pour enlever celle qu'il désirait et dont le regard s'était aussi abaissé vers lui avec amour. — Cependant Roukmini, partie sur un char attelé de quatre chevaux, accompagnée de ses parents et de ses amis, venait, la veille du jour fixé pour son mariage, de se rendre en dehors des murs de Coundina pour faire sa prière dans le temple d'Indra, quand Crichna, qui s'était concerté avec les siens, l'enleva, et, la plaçant sur son char, se dirigea vers Dwaravati de toute la rapidité de ses chevaux.

Vainement les parents et les amis de Roukmini essayèrent-ils d'arrêter le ravisseur; vainement Roukmin, son frère, transporté d'une colère sans égale, se mit-il à la poursuite de Crichna avec quelques-uns des confédérés ses alliés, la lutte qu'il engagea contre Crichna tourna à sa honte, et il ne dut la vie qu'aux prières de sa sœur, qui intercéda près de son divin époux au moment où, le tenant abattu sous sa massue, il allait le sacrifier.

De ce moment, la puissance et l'autorité de Crichna ne semblent plus contestées. — La coalition s'est dispersée d'elle-même; Crichna et les Yadavas cessent d'être inquiétés dans le nouveau siége de leur gouvernement, et la légende rapporte que la ville de Dwaravati, qui avait été conquise sur les flots, s'enrichit rapidement, et qu'elle devint le centre d'un vaste commerce, qui y fit affluer les marchandises les plus rares, et une énorme quantité de pierres précieuses. Aussi, rentrés dans le calme, les Yadavas et les Vrichnis, honorés à l'égal des immortels, dit le poète, jouissaient-ils paisiblement de la prospérité que le bras de Crichna leur avait assurée. De temps à autre, on voyait bien encore quelques expéditions se faire au dehors de Dwaravati, et si Crichna, à raison de leur peu d'importance sans doute, ne daignait pas toujours les diriger, il se plaisait au moins à guider son fils chéri Pradyoumna dans les opérations militaires que la présence de quelques brigands ou de quelque Danava contempteur des Brahmanes et des lois saintes pouvait exiger. — Au reste, la sage administration qui faisait prospérer les nombreuses populations de Dwaravati, autant que l'éclat incontestable des exploits de Crichna, ayant apaisé avec le temps toutes les haines que ses succès avaient fait naître, on vit Roukmin lui-même, cet ennemi acharné du héros, rechercher son alliance, et préparer entre ses enfants et ceux de Crichna une double alliance, qui semblait devoir cimenter leur union à jamais. Mais, au milieu des fêtes et des joies splendides de la cour de Roukmin, à l'occasion de l'un de ces mariages, une partie de dés ayant été offerte à Crichna et à Rama, son frère, le sarcasme et l'ironie réveillèrent des passions à peine éteintes, et il s'éleva entre les Yadavas et les anciens alliés de Roukmin et de Djarâsandha une terrible querelle, dans laquelle Sancarchana, armé d'un échiquier d'or, sur lequel on roulait les dés, brisa la tête de Roukmin et l'étendit mort.

Ce fâcheux événement, cependant, n'apporta aucun trouble à la paix établie, et l'on voit que peu après cette fatale issue des jeux engagés dans le palais de Roukmin ; Crichna dirigea lui-même une expédition lointaine contre Naraca, formidable radjah qui régnait à *Pragdjyoticha*, ville située dans l'est de la presqu'île, soutenue par une nombreuse armée de Rakchasas (1), aussi noirs que la fumée. Au corps gigantesque, aux yeux rouges, à la tête difforme, Naraca, que ses déprédations avaient fait redouter, passait pour posséder d'incomparables trésors. Ses officiers le livrèrent au vainqueur, en lui disant : « Voici des pierres » précieuses de toutes les espèces, des éléphants guerriers » dirigés par des crocs aux manches de corail, ornés de » fils d'or, et de larges colliers entourés d'arcs et de dards, » parés de drapeaux magnifiques, d'étoffes et de tapis. Voici » encore d'excellents chevaux tous nés dans le pays, des » vaches autant que vous pourrez en désirer, des étoffes » de laine, des tissus de lin, des divans, des siéges, des » oiseaux agréables et parleurs, des bois de sandal, d'a» loès, etc..... Ces richesses des trois mondes sont main» tenant à vous; prenez, car le palais de Naraca offre la » réunion de tous les biens qui ont appartenu aux dieux, » aux Gandharvas et aux serpents. »

Et Crichna, justement préoccupé de la grandeur de Dawravati, ayant fait transporter ces richesses au siége de sa capitale, se plût à les partager avec ses compagnons d'armes, ne réservant pour lui que les objets d'art et un palais aux arcades nombreuses, décorées de riches tentures brochées d'or, qu'il enleva des pays qu'il venait de soumettre, pour les transporter à Dwaravati ou sur la croupe du mont Revata, que les Vrichnis et les puissantes familles de la cité avaient déjà décorée de nombreuses maisons de plaisance.

Ici s'ouvre évidemment une nouvelle phase de la vie de l'immortel héros. Au lieu d'évolutions militaires, d'expéditions armées, de luttes et de querelles de famille, de coalitions et de mesures péniblement concertées dans le sein du conseil, on voit Crichna au milieu de ses femmes se livrer au doux plaisir du gynécée, aimer ses épouses et les parer de tout ce que la conquête a mis à sa disposition. Partageant entre elles et les dieux le temps qui lui est donné, on le voit en conférence avec les saints mounis qui viennent du *Swarga* à lui, chargés de messages célestes, ou se rendant lui-même au séjour des dieux pour en enlever le Paridjata, cet arbre

(1) Le lecteur se rappellera que cette dénomination est ordinairement employée pour désigner les ennemis.

merveilleux de la science orientale, dont la fleur, source inaltérable de bonheur et de gloire, conserve sa fraîcheur toute l'année, et exhale le parfum qui peut être désiré. Gage de vertu intelligente et raisonnable, cette fleur miraculeuse perd son éclat avec l'impie et le conserve avec la personne attachée à son devoir. Légère ou foncée, elle se présente sous la couleur que demande la personne qui la porte. Elle retient toujours le parfum qu'elle a choisi et lui sert de flambeau pendant la nuit. A l'oreille, elle procure les chants et les concerts les plus doux, assure une jeunesse éternelle à celle qui la possède, et détermine l'éloignement de toute passion et de tout chagrin, en même temps que l'accomplissement de tous les désirs et l'attachement le plus parfait aux règles du devoir et à son époux.

Tout a, en effet, tellement changé dans l'existence du héros, que le poète ne parle plus que d'amour et d'aimables querelles entre les beautés qui se disputent son regard. — Le mouni et le prêtre d'ailleurs ne sont pas étrangers à ces actes nouveaux de la vie du fils de Vasoudéva, et si on le vit précédemment porteur de paroles et de messages entre les parties contendantes, on le retrouve dans l'intérieur du gynécée, préparant entre les époux les scènes d'amour et de doux abandon qui doivent assurer leur repos, se mêlant à leurs prières comme aux plus intimes pratiques du repos et de l'ablution, tant la pensée de l'Orient, en s'enflammant des plus ardentes voluptés du plaisir, croit encore répondre aux plus intimes prescriptions des lois immuables d'une nature divine devant laquelle l'homme de ces régions reste toujours prosterné.

Pour compléter la vie de Crichna, de cet avatar, de cette incarnation supérieure et par excellence de la Divinité, la légende ne pouvait se borner à retracer les accidents nombreux d'une existence de génie, mais de labeur, qui se fût complétement écoulée dans la lutte. Après tant d'exploits et d'heureux succès, il fallait pour l'Orient le repos et le plaisir, les jouissances de la richesse et les indicibles émotions de la vie ascétique, terme ordinaire de toute existence, qui doit finir par s'absorber dans le sein de l'Éternel.

Le séjour de *Crichna* à Dwaravati, après l'ère des conquêtes, nous représente cette troisième période de la vie de l'Homme-Dieu, qui, suivant la légende et les saintes prophéties des mounis, était descendu sur cette terre pour y rétablir l'ordre et la vertu.

A. Duchatellier.

Nantes, Imp. de M.me veuve Camille Mellinet. — 40,7 0.

Nantes, Imp. de M.me veuve Camille Mellinet.

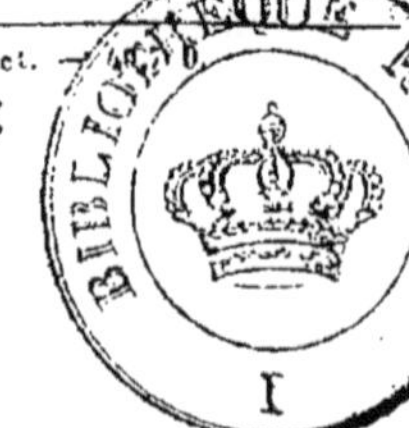

www.ingramcontent.com/pod-product-compliance
Ingram Content Group UK Ltd.
Pitfield, Milton Keynes, MK11 3LW, UK
UKHW022149170726
13837UKWH00004B/1874